AF278615

LE
ROI RÉUSSIRA-T-IL

OUI OU NON

LE
ROI RÉUSSIRA-T-IL

OUI OU NON

DIALOGUE ENTRE UN PARISIEN ET PAUL CLAIR

PARIS

IMPRIMERIE JULES LE CLERE ET Cie,

RUE CASSETTE, 29.

—

1873

LE
ROI RÉUSSIRA-T-IL
OUI OU NON.

PREMIER ENTRETIEN

DES OPINIONS ET DU DRAPEAU

Un Parisien. Le roi, le roi... Parlez-vous d'Henri V, oui ou non ?

Paul Clair. Peu vous importe.

Le Parisien. Oui, cela m'importe. Je veux avant tout connaître vos opinions ; je veux savoir à qui j'ai affaire. Si vous ne me dites pas de quelle opinion vous êtes, je vous laisse causer tout seul. Voulez-vous me le dire, oui ou non ?

Paul Clair. Non.

Le Parisien. Vous êtes étonnant. Ou vous êtes un original, ou vous voulez cacher votre jeu. Les opinions sont libres, chacun est libre d'avoir la sienne, et de la dire : les principes de 89 ne sont pas encore morts, quoi qu'on en dise. Voulez-vous cacher votre jeu ?

Paul Clair. Non.

Le Parisien. Alors, vous êtes un original ?

Paul Clair. Soit.

Le Parisien. Eh bien, l'on ne rencontre pas tous les jours des originaux. La race en est quelque peu perdue. Les républicains sont tous les mêmes ; les conservateurs et les monarchistes se ressemblent beaucoup entre eux, et j'ai quelquefois eu l'idée que les uns et les autres se ressemblent plus ou moins.

Paul Clair. En quoi?

Le Parisien. Je n'ai pas étudié cette question à fond. C'est une sorte d'opinion que j'ai, c'est une idée qui m'est venue, comme je vous le disais. Mais il ne s'agit pas de mes idées ni de mes opinions, il s'agit des vôtres. Dites-moi du moins pourquoi vous refusez de me dire de quelle opinion vous êtes. Un original, tel que vous me paraissez, peut au moins répondre à cette question. Pourquoi ne voulez-vous pas me faire connaître vos opinions?

Paul Clair. Parce que je n'en ai pas.

Le Parisien. Comment! vous n'avez pas d'opinions ?

Paul Clair. Non.

Le Parisien. C'est bien plus singulier! Je n'ai jamais rencontré de Français comme vous. Chacun a ses opinions : c'est de l'évangile moderne, cela. Et vous, vous n'avez pas d'opinions? vous n'en avez jamais eu ?

Paul Clair. Je ne dis pas cela. Je dis que je n'ai pas d'opinions, et, s'il faut mettre les points sur les *i*, je dis que je n'en ai plus.

Le Parisien. Alors, vous ne pouvez pas raisonner. Chacun raisonne-t-il d'après ses opinions, oui ou non?

Paul Clair. C'est selon.

Le Parisien. Mais il n'y a pas de doute. Sans opinions, que pouvez-vous dire des questions les plus graves, les plus intéressantes, les plus brûlantes? Que pouvez-vous dire du drapeau, par exemple? N'est-ce pas là une question capitale? La monarchie ou la république en dépend. Et comme il faut en finir, le sort de la France en dépend, et le sort de l'Europe elle-même. Car, quoi qu'on en dise, la France sera toujours la France.

Paul Clair. Je vois que c'est votre opinion. Pour moi, je vous l'ai dit, je n'ai pas d'opinions.

Le Parisien. Et vous ne pensez pas que la France sera toujours la France?

Paul Clair. J'espère que la France ne périra pas. L'espérance et l'opinion, ce n'est pas la même chose.

Le Parisien. Soit, je vois que vous raisonnez serré. Mais, encore une fois, que pensez-vous du drapeau? Êtes-vous pour le rouge, le blanc ou le tricolore?

Paul Clair. Je vous ai dit que je n'ai pas d'opinio ns

Le Parisien. C'est cela. Ainsi, vous ne pouvez pas raisonner sur le drapeau. Par conséquent vous ne pouvez raisonner utilement sur rien, puisque la question du drapeau est une question capitale, à laquelle toutes les autres se rattachent. Si vous n'avez pas d'opinions, pouvez-vous en raisonner, oui ou non?

Paul Clair. Je puis en raisonner. C'est précisément

parce que je n'ai pas d'opinions, que je puis en raisonner raisonnablement.

Le Parisien. Voilà qui est curieux! Décidément vous êtes un original. Eh bien, raisonnez-en.

Paul Clair. Il faut que je vous dise d'abord que si je manque d'opinions, j'ai des principes...

Le Parisien. Comment cela? Opinions, principes, est-ce que ce n'est pas la même chose?

Paul Clair. Non.

Le Parisien. Si! Il y a opinions et opinions, comme il y a principes et principes. Il y a, par exemple, les principes modernes; vous ne pouvez le contester. Les principes modernes ne sont pas les principes de l'ancien régime, ni de la féodalité. Les principes républicains ne sont pas les principes monarchiques; les principes autocratiques, aristocratiques ne sont pas les principes démocratiques. Et puisque le drapeau représente un principe, il faudra en raisonner selon vos principes, comme j'en raisonne selon les miens. En êtes-vous plus avancé, de substituer de soi-disant principes aux opinions?

Paul Clair. Oui et non. Si vous voulez que les principes et les opinions soient la même chose, je ne pourrai pas raisonner du drapeau, puisque je n'ai pas d'opinions. Mais s'il y a une différence entre les principes et les opinions, je vous réponds que je pourrai raisonner du drapeau, puisque j'ai des principes.

Le Parisien. Je crois que vous jouez avec les mots.

Paul Clair. C'est votre opinion ?

Le Parisien. Oui.

Paul Clair. Voilà une preuve qu'une opinion n'est pas un principe. Essayez plutôt de me faire raisonner sur le drapeau avec des principes, et vous verrez clairement la différence.

Le Parisien. Eh bien, raisonnez. Je suis curieux de voir comment vous vous y prendrez, pour faire ainsi d'une pierre deux coups.

Paul Clair. Ce sera bientôt fait. La question du drapeau est une question d'opinions : vous l'avez dit. Le rouge représente l'opinion radicale, le tricolore plaît à une espèce de monarchie et à une espèce de république ; le blanc est le symbole de l'opinion des purs Henri-Quintistes.

Le Parisien. C'est cela.

Paul Clair. Eh bien ! comme je n'ai pas d'opinions, et que je n'ai que des principes, je tranche la question du drapeau en la supprimant. C'est une question capitale de moins. Et vous m'avez dit que c'est une question de vie ou de mort pour la France, et même pour l'Europe. Voyez-vous l'avantage d'avoir des principes ? Et voyez la différence entre les principes et les opinions : avec les opinions, nous avons une question épouvantable sur les bras, nous nous querellons, nous nous divisons. Avec les principes, nous n'avons pas de question du tout. Est-ce clair, oui ou non ?

Le Parisien. Hum ! Vous me surprenez. N'y a-t-il pas quelque anguille sous roche ? Parlez-vous tout à fait franchement? je veux dire : Est-ce bien là toute votre pensée?

Paul Clair. Ce n'est pas ma pensée : c'est la vérité. La question du drapeau étant une question d'opinions, je la supprime parce que je n'ai pas d'opinions ; et comme la question du drapeau est une question dangereuse, il s'ensuit que les opinions sont très-dangereuses, qu'il est très-dangereux de parler et surtout d'agir d'après ses opinions, et qu'il vaut mieux avoir des principes que des opinions.

Le Parisien. Soit, pour le cas présent. Mais il me reste deux doutes qui sont à éclaircir. D'abord je vois bien que vous n'avez pas d'opinions, et qu'il est avantageux de n'en pas avoir. Mais je n'ai pas vu ce que vous appelez vos principes.

Paul Clair. Le principe par lequel je supprime cette terrible question du drapeau est précisément celui-ci : Il est dangereux et absurde d'agir selon ses opinions. Dangereux, puisqu'on se jette gratuitement dans des querelles dangereuses ; absurde, puisque rien n'est plus insensé que de s'embarrasser de gaieté de cœur dans des questions dangereuses. Quel est votre second scrupule?

Le Parisien. C'est qu'il faudra, en fin de compte, un drapeau. De quel couleur sera-t-il?

Paul Clair. Peu importe. Il aura une ou plusieurs des couleurs du prisme, soyez-en sûr. Pour des hommes de principes, ce n'est pas la couleur qui fait le drapeau, c'est l'honneur et la justice qui le portent haut et sans tache, savent le défendre et le maintenir honorable.

Le Parisien. Mais qui le choisira ?

Paul Clair. Cela n'importe pas davantage. Seulement il ne faudra pas que ce soient des hommes d'opinions : autrement, nous retomberions imbécilement dans des questions dangereuses.

Le Parisien. Mais enfin, il faudra bien que quelqu'un le choisisse.

Paul Clair. Oui, et quelqu'un le choisira. Après?

Le Parisien. Après?... Mais... vous avez raison : après, ce sera fait. Cependant, quand le choisira-t-on ?

Paul Clair. Vous épuisez la question, et vous avez raison aussi. Je vous réponds par votre mot : *après;* il faudra le choisir *après; après* que le reste sera fait, et que les Français n'auront plus la manie de susciter des querelles d'opinions, et, sous prétexte de couleurs, de compromettre le sort de la France et le sort de l'Europe. Ce qui est criminel et insensé ; aussi criminel et aussi insensé que le procédé des gens qui, voyant leur maison démolie, ne voudraient pas se mettre à la rebâtir tant qu'ils ne se seraient pas entendus sur la couleur à donner à l'enseigne, et tout en professant qu'ils n'ont pas envie de s'entendre, vu disent-ils, que les opinions sont libres.

Le Parisien. Est-ce que vous prétendez que les opinions ne sont pas libres ?

Paul Clair. C'est un principe que les opinions sont libres ; et je vous ai dit que je suis un homme de principes. C'est précisément parce que les opinions sont libres qu'il est absurde et criminel de vouloir les imposer aux autres.

Le Parisien. Il faut pourtant qu'une opinion domine. Ce sera la monarchie absolue ou parlementaire, ou bien la république radicale, ou bien la république tricolore. Vous ne pouvez pas sortir de là. Voyons : monarchie de n'importe quelle nuance, république de n'importe quelle couleur, y a-t-il un milieu, oui ou non?

Paul Clair. Oui et non.

Le Parisien. Il y a un milieu ou il n'y en a pas. A moins pourtant que vous n'imaginiez autre chose que n'importe quelle monarchie ou n'importe quelle république. Mais vous serez fin, avec vos principes, si vous imaginez autre chose.

Paul Clair. Ne méprisez pas les principes. Je n'en ai encore exposé qu'un, que j'ai appliqué au drapeau. Là il me semble que vous ne vous êtes pas trop rebiffé ni contre le principe ni contre l'application.

Le Parisien. J'en conviens. Vous avez bien résolu la question du drapeau. Là, votre principe, qu'il est injuste et déraisonnable de vouloir imposer ses opinions aux autres, au risque de compromettre la France et l'Europe, ce principe me va. Mais pour ce dilemme : Monarchie nuancée de n'importe quelles couleurs de l'ar-en-ciel, ou république colorée de même, je ne vois pas comment vous pourrez vous en tirer.

Paul Clair. Je m'en suis tiré par *Oui et non.*

Le Parisien. C'est bien, c'est bien. Mais ce sont là des mots. *Des mots, des mots,* comme dit Shakspeare. Expliquez-vous, je vous prie.

Paul Clair. C'est vous qui me fournissez l'explication. Votre monarchie n'importe quelle, votre république n'importe quelle, ce sont là des mots, et rien de plus. Voilà pourquoi je vous ai répondu : Oui et non. Non, il n'y a pas de milieu si nous restons dans les mots. Oui, il y a un milieu, ou, comme vous le disiez vous-même, il y a autre chose si nous ne restons pas dans les mots.

Le Parisien. Qu'y a-t-il?

Paul Clair. Il y a que les mots nous perdent, comme les opinions; et si nous parvenons à nous débarrasser des mots, après nous être affranchis des opinions, non-seulement la question du drapeau, mais celle de la monarchie et de la république sera résolue, et nous aurons fait une étape vers le salut.

Le Parisien. Une étape, c'est quelque chose; c'est presque tout. Quand on est une fois en route vers le but, il y a toutes chances de l'atteindre. Faites-moi faire cette étape.

Paul Clair. Remarquez que ce sera la seconde.

Le Parisien. Je le reconnais. Hâtons-nous donc, et dès ce soir, parlez-moi des mots.

DEUXIÈME ENTRETIEN

DES MOTS

Paul Clair. Le roi réussira-t-il, oui ou non ?

Le Parisien. Quel roi?

Paul Clair. Je vous l'ai déjà dit : peu importe.

Le Parisien. Cela importe beaucoup, surtout à ceux qui ne veulent pas de roi du tout.

Paul Clair. Parlez-vous du mot ou de la chose, quand vous dites que vous ne voulez pas de roi du tout?

Le Parisien. Je parle du mot, mais surtout de la chose.

Paul Clair. Très-bien. Qu'est-ce qu'un roi?

Le Parisien. Qu'est-ce qu'un roi?... Vous m'étonnez plus que ce matin. Est-il convenable de poser pareille question? Assurément un roi n'est pas le chef d'une république, et, je vous l'ai dit, je tiens pour la république. — N'est-ce pas assez répondre à votre question?

Paul Clair. Non.

Le Parisien. Eh bien! répondez-vous vous-même, ou répondez-moi, puisque vous n'acceptez pas ma réponse. Qu'est-ce qu'un roi?

Paul Clair. Un roi est un homme qui gouverne un peuple.

Le Parisien. Votre définition n'est pas mauvaise. Il y a pourtant un roi à qui elle ne convient pas, c'est le roi constitutionnel, pour qui j'avais un faible avant d'être républicain. « Le roi règne et ne gouverne pas. » Savez-vous qui a dit cela?

Paul Clair. Oui. C'est le roi Thiers.

Le Parisien. Plaît-il?

Paul Clair. Je vous répète que c'est le roi Thiers qui a dit cela, ou, pour parler plus exactement, c'est lui qui l'a récité. Je connais les braves gens qui avaient préparé son discours ce jour-là, et je vous nommerais bien celui d'entre eux qui a fait *le mot,* que M. Thiers a répété, et qui a fait fortune, quoique ce ne soit qu'un mot, un de ces mots qui nous perdent. Car régner ou gouverner, c'est la même chose, dans toutes les langues et dans tous les dictionnaires.

Le Parisien. D'accord. Mais comment osez-vous dire *le roi* Thiers? Est-ce que M. Thiers, notre illustre président, a jamais été roi?

Paul Clair. Veuillez m'excuser; mais je trouve que vous avez la mémoire courte, et pas assez de logique.

Le Parisien. Qu'ai-je oublié? Et en quoi ai-je mal raisonné?

Paul Clair. Vous avez oublié [la définition du *roi:* un roi, c'est un homme qui gouverne une nation. Est-ce que M. Thiers n'a pas gouverné la France durant deux ans? Ne la gouvernait-il pas réellement?

Le Parisien. Oui, et il la gouvernait bien.

Paul Clair. C'est votre opinion?

Le Parisien. Oui, c'est mon opinion.

Paul Clair. Vous savez que les opinions ne comptent

pas pour moi. Ce que je retiens, c'est que M. Thiers a gouverné la France. N'a-t-il pas un peu aussi gouverné l'Assemblée nationale?

Le Parisien. Un peu? Mais non pas un peu. Dites tout à fait. C'est lui qui a tout fait. Et l'Assemblée a eu tort de ne plus se laisser diriger par lui. Il gouvernait si bien, et la France, et l'Assemblée elle-même ! Que n'y est-il encore !

Paul Clair. Ainsi M. Thiers a gouverné le pays, et même l'Assemblée souveraine. Et vous ne voulez pas que je l'appelle *le roi* Thiers?

Le Parisien. Au fait... c'est le mot qui me gêne.

Paul Clair. C'est ce que je voulais vous faire dire : *Les mots nous gênent. Il faut nous en débarrasser*, parce que c'est avec les mots qu'on nous éblouit et qu'on nous exploite. C'est précisément mon principe.

Le Parisien. Encore ! Vous appelez cela un principe !

Paul Clair. Oui.

Le Parisien. Et que ferez-vous avec celui-là ?

Paul Clair. Je dirai avec vérité, et sans plus craindre aucune contradiction ni répugnance de votre part : le roi Thiers et le roi Gambetta.

Le Parisien. Ah! la bonne aventure ! *Le roi Thiers* passera encore. Ce petit homme, je le reconnais ingénument, était le vrai roi quand Louis-Philippe était aux Tuileries et que le petit Thiers était aux affaires, et il nous a vraiment gouvernés depuis Bordeaux jusqu'au 24 mai. Mais le roi Gambetta ! Songez-y. Non, vous ne pouvez pas dire sérieusement : *le roi Gam-*

betta. C'est comme si vous disiez : le roi de la république, et de la république radicale encore! Mais c'est une contradiction palpable, une contradiction dans les termes !

Paul Clair. Non, dans les mots.

Le Parisien. Quelle différence mettez-vous entre les termes et les mots? Cette fois, je suis tenté de vous dire de nouveau : Vous jouez sur les mots.

Paul Clair. Vous confondez les termes, qui expriment exactement les choses, avec les mots qui nous donnent le change et nous perdent, comme vous confondiez les principes avec les opinions. — Mais avançons. Quelle espèce de roi, selon vous, était le roi Thiers ?

Le Parisien. Je n'y comprends plus rien. Dites-le-moi vous-même.

Paul Clair. Avec votre permission, je ne vous le dirai pas moi-même ; je veux que ce soit vous qui me le disiez. Je m'engage seulement à vous aider à trouver la définition du roi Thiers.

Le Parisien. A la bonne heure. Aidez-moi.

Paul Clair. M. Thiers a destitué le colonel Stoffel. Vous savez qui était le colonel Stoffel ?

Le Parisien. Oui, le candidat monarchique et clérical. Personne ne l'ignore.

Paul Clair. Encore des mots.

Le Parisien. Comment, des mots? Est-ce que le colonel Stoffel n'a pas été porté par la coalition cléricale et monarchique?

Paul Clair. Doucement. Ne vous fâchez pas. Mais je vous demandais qui était le colonel Stoffel et vous me répondez que les hommes de certaines opinions l'ont porté candidat. Vous voyez bien que vous ne répondez que par des mots à la question que je vous pose. Qu'il ait été porté candidat par tels ou tels électeurs, cela ne me dit pas ce qu'il est.

Le Parisien. Eh bien, qui est-il?

Paul Clair. C'est le seul officier français qui connût parfaitement avant la guerre la situation respective de la France et de la Prusse au point de vue de la discipline et des forces militaires, et il a bien osé le dire à l'empereur dans un rapport détaillé, qui restera comme un chef-d'œuvre de clairvoyance, de talent et de courage. C'est vous dire que le colonel Stoffel est un officier supérieur très-capable, et vraiment homme de conscience et de cœur.

Le Parisien. Et M. Thiers l'a destitué?

Paul Clair. Oui, le roi Thiers l'a destitué.

Le Parisien. En êtes-vous bien sûr? J'ai à peine souvenir que les journaux aient parlé de cela.

Paul Clair. Sans doute.

Le Parisien. Comment, sans doute? Quelle idée avez-vous donc des journaux?

Paul Clair. Je vous le dirai plus tard. Ne perdons pas de vue la suite de notre entretien. Je vous demandais : Quelle espèce de roi était le roi Thiers, qui a destitué le colonel Stoffel, homme hors ligne par son expérience, ses talents et son courage moral, et le plus capable d'aider à reconstituer notre armée.

Le Parisien. Si M. Thiers a fait cela, je le mets au rang des rois absolus.

Paul Clair. Encore un mot, un de ces mots qui nous jettent de la poudre aux yeux pour nous empêcher de voir clair à nos affaires. — Qu'entendez-vous par un roi absolu, et par une royauté absolue ?

Le Parisien. J'entends par une royauté absolue un régime dans lequel on reconnaît au roi le droit de faire tout ce qu'il lui plaît, même de destituer les colonels Stoffels, s'il y en a ; et j'entends par roi absolu un roi qui gouverne et commet des énormités selon son bon plaisir.

Paul Clair. Je devine ce que vous voulez dire. Mais vous vous embrouillez toujours dans les mots. Jamais en France, ni ailleurs dans la chrétienté, aucune nation n'a reconnu à ses rois le droit de commettre des énormités. Quand cela est arrivé, par le fait du roi Thiers ou du roi Louis XIV, qui n'a pourtant pas destitué les Stoffels de son temps, lesquels devenaient des Turennes, ou du roi Gambetta ou du roi Robespierre, cela n'est jamais arrivé parce que la nation leur aurait reconnu le droit de mal faire. Aucune nation n'a jamais eu la sottise de reconnaître la facilité de faire le mal comme un droit des rois ni de n'importe qui.

Le Parisien. Vous croyez !

Paul Clair. J'en suis sûr. Dans nos prochains entretiens, je vous en donnerai des preuves. Mais revenons à votre chimère de royauté absolue. Vous imaginez donc à tort un régime de gouvernement dans lequel une nation reconnaîtrait à son roi le droit de commettre des énormités selon son bon plaisir. Et puis, vous appelez ce régime royauté absolue. Je vous répète que l'on vous englue avec des mots, comme les petits oiseaux à la pipée.

Le Parisien. Faites-moi un peu voir cela.

Paul Clair. Avec ces mots à facettes que l'on fait miroiter devant vos yeux comme le miroir aux alouettes, avec cette crainte d'un régime chimérique, auquel on a donné le nom nouveau d'*absolu* (qui n'est pas clair), l'on vous abasourdit et l'on vous endort. Entre-temps, vous ne vous apercevez pas que vous avez des rois, et des rois absolus, comme vous le dites, des despotes, comme on disait autrefois. Voilà pourquoi, après vous avoir conseillé de vous débarrasser des mots, des mots qui vous trompent en vous donnant le change, je vous conseille encore d'accepter mon troisième principe, qui est *d'appeler les choses par leur nom.*

Le Parisien. Je ne puis refuser mon assentiment à un principe aussi élémentaire.

Paul Clair. Et de ne plus vous offenser en m'entendant appeler par leurs noms le roi Thiers, le roi Gambetta et le roi Cl...

Le Parisien. Un moment. Je vous ai concédé le roi Thiers. Mais Gambetta n'était pas même président, il n'était que ministre, délégué.

Paul Clair. Des mots, des mots, des mots. On l'a appelé comme on a voulu. Le fait est que pendant la guerre, sauf Paris bloqué, il gouvernait toute la France que les Prussiens n'occupaient pas. Sans parlement, sans élections (il n'en voulut jamais), il gouvernait tout, nommait et destituait les préfets et tous les fonctionnaires, les généraux et les colonels. Il a fait plus, il a commis l'énormité de faire la guerre sans être militaire, et de diriger l'armée de la Loire, du fond de l'archevêché de Tours.

Le Parisien. Pour ce dernier point, il est évident que vous exagérez.

Paul Clair. Non. Lisez dans le grand et exact ouvrage du général Chanzy, page 127, un rapport du général lui-même sur ce qui s'est passé le 8 décembre à Beaugency, et un autre du contre-amiral Jauréguiberry, page 491 ; vous y verrez que le roi Gambetta expédiait télégraphiquement de Tours, pendant les batailles mêmes, des ordres contraires aux ordres formels des généraux en chef, et que ce jour-là, notamment, ce fut cette intervention incroyable qui, en prescrivant à une division française l'évacuation de Beaugency, en ouvrit les portes aux Prussiens, qui y entrèrent sans coup férir, et ainsi fut annulé le succès de la journée, pendant laquelle l'armée de Frédéric-Charles, qui avait donné tout entière, avait subi un de ces rares échecs de la campagne. N'est-ce pas là agir en maître, et n'est-ce pas là une énormité de la part d'un homme qui n'était pas militaire ?

Le Parisien. Je ne puis refuser d'en convenir.

Paul Clair. Comprenez-vous, après cela, que le successeur du roi Gambetta, le roi Thiers, un homme d'esprit, quoique peu poli parfois, ait appelé son prédécesseur « un fou », et à cause de ses procédés de casse-cou de son style de rodomont, qu'il ait affublé le roi « fou » de l'épithète peu gracieuse de « furieux? » Est-ce agréable pour nous, Français, de songer que nous avons de pareils rois, et que nous sommes assez puérils pour croire que nous n'en avons pas du tout?

Le Parisien. Je vois bien qu'il faut que je vous concède encore le roi Gambetta, et que je le range dans la catégorie des rois absolus, comme son successeur.

Paul Clair. Il y en a encore.

Le Parisien. Grâce, je vous prie.

Paul Clair. Non, pas de grâce, je vous prie. J'allais vous en nommer un autre, lorsque vous m'avez interrompu tout à l'heure. Je vous nommais le roi Cluseret.

Le Parisien. Le roi Cluseret!

Paul Clair. Oui.

Le Parisien. Si vous faites encore de celui-là un roi, ce sera, hélas! le cas de répéter l'axiome : Plus ça change, plus c'est la même chose,... non, plus c'est pis.

Paul Clair. Vous répéterez votre dicton, en l'accentuant comme vous venez de le faire. Car Cluseret fut vraiment le roi Cluseret. Je n'y puis rien. Vous avez eu à Tours le roi de la république, qui fut le maître de la chose publique; vous avez eu à Paris le roi de la Commune, qui fut le maître de la chose commune.

Le Parisien. Mais celui-là ne fut reconnu de personne; c'était un rebelle, et non autre chose.

Paul Clair. Outre qu'il fut reconnu de ses sujets, comme vous ne l'ignorez point, le roi Cluseret fut encore reconnu par l'étranger et par plusieurs partisans de plusieurs *opinions* politiques, pour parler comme vous. C'est de l'histoire peu connue, mais qui n'en est pas moins certaine.

Le Parisien. Vous piquez ma curiosité. Contez-moi donc cette affaire.

Paul Clair. Ce n'est pas long; mais, comme vous le disiez, cela ne manque pas d'intérêt. Vous savez que Cluseret est parti de Genève, pour venir se mettre à la tête de la Commune de Paris ?

Le Parisien. Je crois l'avoir entendu dire.

Paul Clair. Un certain dimanche, il s'est tenu dans cette ville un petit concile secret d'hommes de diverses opinions politiques, qui avaient voté sept millions pour la Commune. — Vous voyez d'abord que le roi Cluseret avait un budget à l'étranger, sans compter celui qui l'attendait à Paris, et dont les recettes s'encaissaient de la manière que chacun sait. Vous n'ignorez pas qu'un des traits caractéristiques des rois, c'est d'avoir un budget.

Le Parisien. Tout le monde sait cela.

Paul Clair. Mais le roi Cluseret, muni d'un de ses budgets, n'avait pas encore son trône. Il s'agissait de le mettre en possession. Ce n'était pas très-facile. Les agents du roi Thiers veillaient sur les issues de notre frontière suisse, et une souricière était établie à Bellegarde, notre première station, qui mérite bien son nom. C'est là que le Rhône lui-même, malgré sa majesté, est obligé de passer par un trou de souris pour franchir notre frontière. Mais si le roi Thiers avait ses agents français, le roi Cluseret avait ses agents aussi, ou les agents de ses alliés. Les agents du roi Cluseret éventèrent la souricière de Bellegarde, et le roi Cluseret prit un autre chemin que celui du Rhône. Ses alliés lui facilitèrent gracieusement les moyens de remonter de Genève à Strasbourg, et ce fut par la grande route prussienne de Strasbourg à Paris qu'il vous arriva, et prit possession de la royauté de la Commune. Quand l'affaire fut faite, et qu'il eut assez régné, il s'en retourna par le même chemin.

Le Parisien. Oh ! les Prussiens ! les Prussiens ! Mais d'où savez-vous tout cela ? Voilà ce qu'il faudrait apprendre à tous les Français, pour les guérir des opinions... Je me surprends à parler comme vous.

Paul Clair. Vous avez raison. Mais il faut leur apprendre aussi à réfléchir avant de parler, pour qu'ils puissent parler en connaissance de cause ; et vous venez précisément de manquer à cette règle.

Le Parisien. En quoi ?

Paul Clair. Je ne vous ai pas parlé des Prussiens ; je ne vous les ai pas nommés, je n'ai parlé que de leur grande route, et vous ne songez qu'à eux.

Le Parisien. Et je n'ai pas raison ?

Paul Clair. Non. Lisez les détails de l'histoire du

roi Cluseret, dans la *Revue diplomatique*, une revue d'ouvriers anglais qui ont pris depuis longtemps l'habitude de ne parler que de ce qu'ils savent en matière diplomatique et politique, et vous en saurez presque autant que moi.

Le Parisien. Je lirai votre *Revue diplomatique*, si je la trouve.

Paul Clair. Je veux vous éviter cette peine. Le numéro est sur mon bureau; c'est celui d'avril 1872. Lisez, page 103, le dernier alinéa.

Le Parisien. « Au mois de février 1870, sur des avis « reçus de Genève, le gouvernement de Bordeaux y « envoya un agent secret pour prendre des renseigne- « ments sur le compte de CLUSERET et du russe OUTINE, « ce dernier désigné comme étant à la fois engagé « dans l'Internationale et agent du prince Gortscha- « koff, et qui complotaient ensemble. Le résultat fut « que des ordres furent expédiés à Bellegarde pour « arrêter Cluseret à son entrée en France. Cluseret fut « averti du danger par..... » C'est donc bien vrai? On m'avait toujours dit que celui-là avait trempé dans la Commune, « qui le fit passer en Alsace par Bâle ; les « Prussiens le firent ensuite passer à Paris. »

Paul Clair. Qui cite son témoin ne ment pas. Voulez-vous lire les premières lignes de la page suivante ?

Le Parisien. Page 104 : « Au milieu du mois de mai j'ai reçu aussi cette communication :

« Le dimanche de la Quasimodo, il a été signé entre

« le représentant de l'Internationale, Outine, le
« Russe, et..... » oh! quelle horreur !

Paul Clair. Lisez les noms propres des yeux, si l'horreur vous serre la gorge, et continuez.

Le Parisien. «...un traité dont la principale condition
« a été le versement de sept millions de francs entre
« les mains de la Commune de Paris. »

Paul Clair. Ainsi vous le voyez : le roi Cluseret eut
un budget, comme le roi Thiers et le roi Gambetta ; il
fut reconnu de l'étranger, honneur que n'eut pas le
roi Gambetta, et, même avant de régner, il eut des
alliés, avantage que ne connut pas le roi Thiers,
tandis qu'il s'acheminait à travers l'Europe vers sa
royauté.

Le Parisien. Il est impossible de le nier. Il faut
avouer de plus que cette malheureuse guerre nous
avait réduits aux abois. C'est à elle que nous sommes
redevables, en définitive, du roi Cluseret. Si nous
n'étions pas tombés, d'une manière si épouvantale, de
notre rang dans le monde, l'étranger ne nous aurait
pas fait ce cadeau.

Paul Clair. *Notre rang dans le monde*. Voilà encore
un mot.

Le Parisien. Un mot vrai. Vous ne nierez pas à votre
tour que la France n'ait été l'arbitre de l'Europe.

Paul Clair. A quelle époque?

Le Parisien. Mais souvent, et même sous Napoléon III : cela sautait aux yeux, et toutes les oreilles
en étaient rebattues.

Paul Clair. Les yeux voient des dehors, et les oreilles sont rebattues des bruits qui les frappent. — Les dehors sont plus ou moins trompeurs, et les bruits aussi. Vous disiez que c'est la guerre de 1870 qui nous a fait perdre notre rang dans le monde.

Le Parisien. Oui.

Paul Clair. Qui a voulu et préparé la guerre? Qui nous a tendu le piége? Qui savait, aussi bien que le colonel Stoffel, que l'Allemagne était prête, et la France non?

Le Parisien. Cette fois, je ne crains pas de me tromper : c'est M. de Bismarck.

Paul Clair. Très-bien. Mais vous vous trompiez il y a un instant, lorsque vous disiez : c'est la guerre qui nous a fait décheoir. La guerre, c'est le dehors, c'est le fait apparent; le fait réel, la vraie cause c'est la diplomatie de M. de Bismarck. C'est la diplomatie qui est la vraie cause de notre chute.

Le Parisien. Oui.

Paul Clair. Et les vraies causes de toutes nos défaites, les connaissez-vous?

Le Parisien. Il y en eut beaucoup.

Paul Clair. Je veux vous en signaler une. C'est que nous n'avons pas eu d'alliés.

Le Parisien. Sans doute, parce que ce triste gouvernement de l'empire n'a pas su s'en ménager. Tout le monde le sait, tout le monde l'a dit : c'était un gouvernement...

Paul Clair. Laissez-moi vous arrêter, et vous empêcher de manquer de nouveau à la règle admise tout à l'heure : *ne parler que de ce que l'on sait.* Des phrases, des déclamations, des opinions ne rendent compte absolument de rien. Je vous réitère donc ma question sous une autre forme, et avec un préambule. Le gouvernement de Napoléon III, quelque misérable que vous le supposiez, — après avoir dit il y a un instant qu'il avait été l'arbitre de l'Europe, — ce gouvernement, en prenant l'initiative des hostilités, a dû rechercher des alliances. La preuve d'ailleurs est faite aujourd'hui : il en avait recherché ; il pouvait même croire qu'il en avait de toutes prêtes. Eh bien, je vous demande pourquoi elles lui ont fait défaut, pourquoi nous n'avons pas eu d'alliés. Ne répondez pas à ma question par des mots, par des phrases, par des opinions vagues ; répondez-y catégoriquement, si vous le savez. Le savez-vous ?

Le Parisien. Non.

Paul Clair. Le roi de Prusse en personne va vous l'apprendre. Après la reddition de Paris, il adressa le télégramme que voici au czar : « Jamais la Prusse « n'oubliera que c'est à vous qu'elle doit que la guerre « n'ait pas pris des proportions extrêmes. » Est-ce clair ?

Le Parisien. Oui.

Paul Clair. Remarquez en passant qu'il dit la *Prusse,* et qu'il ne parle pas de l'*Allemagne,* dont il vient de se faire déclarer empereur.

Le Parisien. Oui, oui.

Paul Clair. Je suis bien aise de fortifier votre conviction. Lisez dans la *Revue diplomatique*, la *Revue des ouvriers anglais*, une dépêche du comte Granville à lord Lyons, c'est-à-dire du ministre d'Angleterre à son ambassadeur en France, et vous y verrez que, en effet, ce fut la diplomatie russe qui mit en avant la diplomatie anglaise pour nous empêcher de trouver aucun allié. La dépêche dont je vous parle est du 10 août 1870. Elle a été publiée après la guerre. Il y est fait mention des démarches et de la pression exercée sur le Danemark, l'Italie et l'Autriche, pour empêcher aucune de ces nations de s'allier avec nous. C'est donc la diplomatie, et la diplomatie secrète, qui nous a privés d'alliés.

Le Parisien. Oui.

Paul Clair. Cependant, si l'Autriche n'avait pas été réduite à l'impuissance par suite de son écrasement en 1866, aurait-elle laissé la Prusse faire la guerre de 1870 pour asservir l'Allemagne ? Et si la Prusse n'avait pas déjà depuis 1866 maté les autres États allemands, les aurait-elle eus tous avec elle contre nous ?

Le Parisien. Non, non.

Paul Clair. C'est donc la guerre de 1866 qui a été la vraie cause de la guerre de 1870 ?

Le Parisien. Oui, oui.

Paul Clair. Et la guerre de 1866 contre l'Autriche, n'est-ce pas l'affaire des duchés qui l'a amenée ?

Le Parisien. Oui.

Paul Clair. Et l'affaire des duchés n'est-elle pas aussi une affaire diplomatique?

Le Parisien. Oui.

Paul Clair. En voilà assez sur ce point. Je pourrais vous montrer la guerre d'Italie sortant également des officines de la diplomatie, et remonter ainsi jusqu'en 1819, et vous faire voir d'une part que c'est la diplomatie qui est la cause de tout, et que la nôtre a toujours été dupée. Mais, encore une fois, en voilà assez ; j'ai la confiance que vous êtes convaincu.

Le Parisien. Suffisamment.

Paul Clair. Alors il faut conclure. Vous me feriez plaisir en formulant vous-même le résumé de notre entretien.

Le Parisien. Je vais essayer, en commençant par la fin.

Paul Clair. Comme vous voudrez.

Le Parisien. C'est la diplomatie qui mène le monde. C'est elle qui machine les guerres et les révolutions. Les rois Thiers, Gambetta, Napoléon, Cluseret règnent et ne gouvernent pas ; ou plutôt ils sont maîtres chez nous, mais esclaves de la diplomatie. Monarchie, république, empire, parlementarisme, libéralisme, blanc, rouge, tricolore, tout cela est parfaitement indifférent, et ne change rien aux affaires. Nous autres Français, nous avons perdu le sens, lorsque nous nous attachons aux mots sans nous rendre compte des choses, et nous sommes le plus misérable des peuples de nous diviser, de nous désunir, de nous entre-déchirer pour de vaines formules.

Paul Clair. C'est bien cela.

Le Parisien. Mais je veux aller plus loin, et ajouter des choses que vous m'avez fait deviner, sans les dire. — Nationalités, aspirations des peuples, unification, prépondérance de races, toutes ces grandes phrases qui ont rempli nos journaux durant un si long temps, nous ont éblouis, trompés, donné le change, toute cette fantasmagorie n'a-t-elle pas figuré de temps en temps dans les pièces diplomatiques de tous les cabinets d'Europe, je dis les pièces officielles, publiques, celles que l'on insérait dans les journaux?

Paul Clair. Oui, et cela remonte à environ quarante ans.

Le Parisien. Alors j'y suis. La diplomatie cachait son jeu sous toutes ces tromperies; elle amusait les peuples avec des mots, tandis qu'elle machinait l'effusion du sang et les ruines; et quand viennent les guerres, nationalités, aspirations des peuples, cela se résout en meurtres sur une échelle colossale, et en confiscation de provinces dont les habitants deviennent esclaves; témoin la Pologne, le Hanovre, le Sleswig, l'Alsace, la Lorraine, Pologne du XIXe siècle!

Paul Clair. Je n'ai rien à objecter, et vous m'épargnez un entretien d'une heure.

Le Parisien. Je suis effrayé moi-même de ce que je vois; et plus encore de ce que je ne vois pas; car je ne vois pas de remède. En connaissez-vous?

Paul Clair. Assurément la situation est bien compromise, et le ciel de l'Europe est bien chargé. Mais il est écrit dans la Bible : *Dieu a fait les nations guérissables.* Il y a donc des remèdes. Si vous le désirez, nous les rechercherons dans un troisième entretien.

PARIS. — IMP. JULES LE CLERE ET Cie, RUE CASSETTE, 29.